BEI GRIN MACHT SICH IHR WISSEN BEZAHLT

- Wir veröffentlichen Ihre Hausarbeit,
  Bachelor- und Masterarbeit

- Ihr eigenes eBook und Buch -
  weltweit in allen wichtigen Shops

- Verdienen Sie an jedem Verkauf

Jetzt bei www.GRIN.com hochladen und kostenlos publizieren

Kai Kress

Distributed Computing - Eine wirtschaftswissenschaftliche Analyse des verteilten Rechnens

GRIN Verlag

Bibliografische Information der Deutschen Nationalbibliothek:

Die Deutsche Bibliothek verzeichnet diese Publikation in der Deutschen National-
bibliografie; detaillierte bibliografische Daten sind im Internet über http://dnb.d-
nb.de/ abrufbar.

Dieses Werk sowie alle darin enthaltenen einzelnen Beiträge und Abbildungen
sind urheberrechtlich geschützt. Jede Verwertung, die nicht ausdrücklich vom
Urheberrechtsschutz zugelassen ist, bedarf der vorherigen Zustimmung des Verla-
ges. Das gilt insbesondere für Vervielfältigungen, Bearbeitungen, Übersetzungen,
Mikroverfilmungen, Auswertungen durch Datenbanken und für die Einspeicherung
und Verarbeitung in elektronische Systeme. Alle Rechte, auch die des auszugsweisen
Nachdrucks, der fotomechanischen Wiedergabe (einschließlich Mikrokopie) sowie
der Auswertung durch Datenbanken oder ähnliche Einrichtungen, vorbehalten.

Impressum:

Copyright © 2001 GRIN Verlag GmbH
Druck und Bindung: Books on Demand GmbH, Norderstedt Germany
ISBN: 978-3-656-06565-4

Dieses Buch bei GRIN:

http://www.grin.com/de/e-book/104688/distributed-computing-eine-wirtschaftswis-
senschaftliche-analyse-des-verteilten

GRIN - Your knowledge has value

Der GRIN Verlag publiziert seit 1998 wissenschaftliche Arbeiten von Studenten, Hochschullehrern und anderen Akademikern als eBook und gedrucktes Buch. Die Verlagswebsite www.grin.com ist die ideale Plattform zur Veröffentlichung von Hausarbeiten, Abschlussarbeiten, wissenschaftlichen Aufsätzen, Dissertationen und Fachbüchern.

Besuchen Sie uns im Internet:

http://www.grin.com/

http://www.facebook.com/grincom

http://www.twitter.com/grin_com

Internetökonomie

Department of Economics
VG, 019A

Abgabetermin: 10.01.2001

Kai Kress
08 Fachsemester
VWL – LMU München

Distributed Computing

Eine wirtschaftswissenschaftliche Analyse
des verteilten Rechnens

Abstract

Die Arbeit untersucht Stärken und Schwächen des „Distributed Computing". Beginnend mit der gesamtökonomischen Betrachtung werden allokative Effekte und das wirtschaftliche Potential untersucht. Der zweite Teil widmet sich den Anreizeffekten der Marktteilnehmer bis hin zu betriebswirtschaftlichen Entscheidungskriterien. Die Anwendung wirtschaftswissenschaftlicher Standardmethoden wird kombiniert mit Modellen aus der Informationstechnik. Den Nachfragern nach Rechenleistung wird eine Palette von Werkzeugen zur Entscheidungsfindung geliefert. Kommerziellen Anbietern der Dienstleistung des Distributed Computing werden die Chancen und Risiken dargelegt.

Inhaltverzeichnis

Verzeichnis der Tabellen und Diagramme:

A - Einleitung

Im Mai 1999 startete die Universität von Berkeley (USA) mit Seti@home[1] ein weltweit einzigartiges Projekt. Seitdem können sich über das Internet verbundene Besitzer internetfähiger Computer mithilfe eines kleinen Programms an der Suche nach ausserirdischen Signalen beteiligen. Das Programm rechnet auf dem privaten PC im Hintergrund oder als Bildschirmschoner, so daß die Leistungskraft des Computers nicht beeinträchtigt wird. Über die gebündelte Rechenkraft von Millionen herkömmlicher PCs entstand ein weltweiter Supercomputer, der die Leistung eines jeden existierenden Großrechners übertrifft. Seitdem hat die Idee des verteilten Rechnens (engl.: distributed computing) neuen Auftrieb bekommen. Verschiedene wissenschaftliche und private Institutionen versuchen Seti@home nachzuahmen. Neue Firmen sind gegründet worden, mit dem Ziel die Rechenkraft von Haushalts-PCs kommerziell zu vermarkten.[2] Die Idee dieser Firmen ist es, als Dienstleister zwischen Unternehmen, welche Rechenkraft nachfragen (im folgenden auch Nachfrager), und Computerbesitzern (im folgenden auch Anbieter) zu fungieren. Insbesondere in den Bereichen der Chemie, Pharma, Physik aber auch in der Filmanimation ist der Bedarf nach Computerleistung gewaltig.

Erst eine Vernetzung ermöglicht den einfachen Datenaustausch zwischen geographisch verteilten Computern. Deshalb ist das „distributed computing" in seiner neuen Form ein Kind des World Wide Webs.[3] In den letzten Monaten haben sich viele dieser neuen Internetideen als unwirtschaftlich erwiesen. Start-ups konnten die eigenen Erwartungen nicht erfüllen. Die Börsenkurse des neuen Marktes befinden sich zur Zeit auf einem Tiefstand. Grund genug, die Idee des verteilten Rechnens wirtschaftswissenschaftlich zu analysieren. Neben der gesamtökonomischen Betrachtungsweise finden auch betriebswirtschaftliche Argumente Eingang. Untersucht wird der individuelle Anreiz auf Angebotsseite, sowie die Entscheidungskriterien, die Unternehmen veranlassen könnten, ein eigenes verteiltes Rechenprojekt zu starten bzw. an einen Dienstleister zu übergeben.

---

[1] Informationen dazu finden sich unter: http://www.setiathome.ssl.berkeley.edu
[2] z.B.: http://www.entropia.com/
[3] Die Idee des verteilten Rechnens ist älter. Bereits die ersten Computer wurden für komplexe Aufgaben vernetzt. Seit Jahren kann man sich unter www.distributed.net an der Dekodierung von Verschlüsselungsalgorithmen beteiligen. Jedoch haben diese Projekte niemals zu einer Popularität wie Set@home geführt.

B – Hauptteil

I - Volkswirtschaftliche Analyse

Allokation

Im Jahre 2000 gab es schätzungsweise über 300 Millionen[4] Computer weltweit, die über Internetzugang verfügen. Der weitaus größte Teil dieser Computer wird für Standardbüroanwendungen verwendet (z.b.: Wordprocessing, Tabellenkalkulation, Dateneingabe, Internet und Graphik). Diese Applikationen lasten die vorhandene Prozessorkapazität nicht aus. Eigene Messungen, an einem 18 Monate alten Computer ergaben eine gemittelte Auslastung unter 0,05%.[5] Die Auslastung ist somit vernachlässigbar. In der verbleibenden Zeit läuft der Prozessor im sogenannten Idle-Modus. Der Computer wartet dann auf weitere Benutzereingaben.[6]

De facto wird im Idle-Modus vorhandene Rechenkapazität nicht genutzt. Vielleicht gibt es aber Wirtschaftsobjekte, die diese Rechenkraft nutzen würden, hätten sie nur die Möglichkeit. Es stellt sich die Frage, ob die vom Markt vorgenommene Ressourenallokation perfekt ist, oder ob es möglicherweise zu Marktversagen kommt. Hilfreich ist die graphische Analyse des Wirtschaftsverhaltens in einem Angebot-Nachfragediagramm (Diagramm 1).

Zur Vereinfachung existieren nur 2 Wirtschaftssubjekte. GV_1 bezeichnet den Grenzvorteil für den Computerbesitzer in Abhängigkeit der Ausnutzung (X) seines Computers. Weiterhin wird angenommen, daß ein zweites Wirtschaftssubjekt einen Vorteil von der Mitbenutzung des Computers von Wirtschaftssubjekt 1 hätte. GV_{1+2} bezeichnet den aggregierten Grenzvorteil von Nutzer 1 und 2. (Der Grenzvorteil von Nutzer 2 ergibt sich aus der Differenz von GV_{1+2} und GV_1). Der Besitzer des Computers wird seinen Computer verwenden, bis der Grenzvorteil den Grenzkosten (GK – z.B. Stromkosten) entspricht, was im Punkt A der Fall ist.

---

[4] aus http://www.nic.at/german/geschichte.html
[5] Die Messung fanden während des Schreibens dieser Arbeit statt. Es liefen zum Teil gleichzeitig die Programme Word 97, Exel 97, IE 4.0, Outlook express, Paint. Außerdem liefen auf dem Computer noch verschiedenste Systemdienste. U.a. ein Internetproxy (incl. kleiner Firewall), DFÜ-Netzwerk, Webserver und Netzwerkdienste für das wohnungsinterne Netz. Die Messung fand unter Windows NT 4.0 WKS (Service Pack 5) mittels SNMP auf einem 450 MHz PIII mit 128 MB RAM statt. Der Messzeitraum betrug ca. 2 mal 6 Stunden. Zwar variiert die Auslastung mit den verwendeten Programmen und in Abhängigkeit des Prozessors, aber die Messung dürfte repräsentativ für den durchschnittlichen Arbeitscomputer sein.
[6] Grund dafür, daß überhaupt noch Bedarf nach schnelleren Prozesoren existiert, ist die Call-Response Zeit, die Zeit die zwischen Aktion des Benutzers und der Reaktion des Programmes. Diese Zeit wird durch Einsatz eines schnelleren Prozessors für den Nutzer immer noch merklich verkürzt

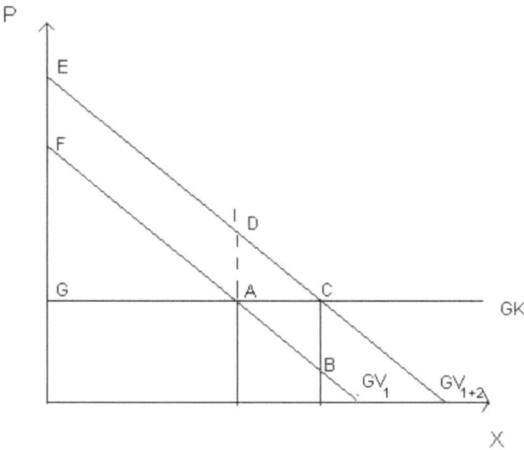

Diagramm1: Angebot – Nachfrage für 2 Wirtschaftobjekte.

Ausgehend vom Homo economius berücksichtigt Nutzer 1 anfangs nicht den Grenzvorteil von Nutzer 2, da kein Anreiz dazu existiert. Vielleicht liesse sich 1 von 2 noch zu einer Mitbenutzung des Prozessors überreden, solange 1 kein Nachteil dadurch entstände. Nutzer 2 hätte dann bereits den Vorteil der Fläche EFAD. Aber rechts von Punkt A würde 1 den Computer ausschalten, obwohl der Punkt nicht dem Wohlfahrtsoptimum entspricht. Denn in Punkt C hätte Nutzer 1 zwar einen Verlust entsprechend der Fläche ABC, aber der Gewinn von Nutzer 2 (= DHIC) ist größer. Gäbe es jetzt einen Markt, dann könnte von 2 den Verlust von 1 kompensieren. Die Zahlung müßte größer sein als der Schaden, den 1 erleidet, so daß sich beide verbessern, ohne daß sich einer verschlechtert, entsprechend der Definition der Paretoverbesserung. Erst in Punkt C ist eine Verbesserung nicht mehr möglich.

In der ökonomischen Theorie spricht man in diesem Falle von einer positiven Externalität. Hat ein Individuum einen Vorteil aus der Handlung eines anderen Individuums und existiert kein Markt dafür, dann ist die Güterbereitstellung nicht paretooptimal und es kommt zu einem Wohlfahrtsverlust (= ACD). Ein Markt hätte wohlfahrtsökonomische Vorteile.

Das gesamtwirtschaftliche Angebot

Für den Fall, daß eine Nachfrage nach externer Rechenleistung existiert, wäre es interessant das Angebot in Zahlen zu fassen. Für ein Unternehmen stellt sich die Frage, ob es einen eigenen Computer anschafft, oder ob es diesen durch „distributed computing" substituiert. Die Kosten eines Computerneukaufes sind für Unternehmen und Privatanwender bei gleicher Ausstattung identisch. Dem Unternehmen ist es egal, ob die Berechnungen auf einem sehr schnellem (neuen) Computer durchgeführt werden oder auf einem etwas langsameren (alten) Computer.[7] Was zählt ist die Rechenleistung. Die Rechenleistung erhöht sich wiederum fast täglich aufgrund des technologischen Fortschritts. Durch Einführung eines Index, welcher auf ein bestimmtes Jahr genormt ist, kann die Leistung zwischen altem und neuen Computer verglichen werden.

Im März 2000 gab es die schon genannten 300 Mio vernetzten Computer. Doch insbesondere privat genutzte Computer sind häufig noch älteren Datums. Allerdings stossen Privatanwender inzwischen an Probleme, wenn sie Computer, die älter als 5 Jahre sind an das Internet anschliessen wollen[8]. Unterstellt man 5 Jahre als Altersgrenze und berücksichtigt man ein 10%iges jährliches Wachstum auf dem Markt für Personal Computer, dann ergibt sich folgende Verteilung nach Alter (Zeile 2 in Tabelle 1).

---

[7] Ausnahme wäre eine Echtzeitanforderung an die berechneten Daten. Aber für Echtzeit-anforderungen ist das Internet sehr schlecht geeignet und dementsprechend auch das distributed computing.

[8] 1995 war der Pentium 100 mit 16MB RAM Standard. Die Prozessorgeschwindigkeit ist heutzutage zwar für das Internet noch ausreichend, aber der Arbeitsspeicher liegt unterhalb einer vernünftigen Grenze. Das Aufrüsten des Arbeitsspeichers ist teuer und wird i.d.R. nicht mehr vorgenommen, weil die damaligen Speicherbausteine nicht mehr für den Massenmarkt produziert werden. Die Rentabilität und Anforderung ist unabhängig vom Betriebssystem und gilt neben Microsoftbetriebsystemen ebenso für MacIntosh wie für Linuxrechner.

Jahrgang	1996	1997	1998	1999	2000	Gesamt
Anzahl Computer in Mio.	49,14	54,05	59,46	65,40	71,94	300
Leistungsfähigkeitsindex in Vergleich zum Jahr 2000 (Moore)	0,16	0,25	0,40	0,63	1,00	
Äquivalent	P 166	P 233MMX	P II 300	P III 500	P III 800	
Anzahl PC's mit Leitungsfähigkeitsindex gewichtet in Mio.	7,74	13,51	23,60	41,20	71,94	158,00

Tabelle 1: Internetfähige Computer in Abhängigkeit des Baujahrs.[9]

Über die Berechnung eines Leistungsfähigkeitsindex läßt sich die Gesamt-leistungsfähigkeit der 300 Mio. internetfähigen Computer mit einem typischen Computer aus dem Jahre 2000 vergleichen. Demnach entspricht die Gesamtrechenleistung etwa 158 Mio. Pentium III Prozessoren mit 800Mhz. Ein derartiger PC kostet heute etwa 1000 Euro. Folglich existiert eine Gesamtrechenkraft von 158 Mrd. Euro, welche größtenteils nicht genutzt wird. Eine, wenn auch nur geringe Anzahl von Computern ist stärker ausgelastet und steht somit für verteiltes Rechnen nicht zur Verfügung. Andererseits würde über Kompensationszahlungen für Rechenkraft die private Nachfrage nach PC's steigen, da sich der PC einen Teil der Kosten „verdienen" könnte. Dieser indirekte Effekt würde die Anzahl verfügbarer PC's erhöhen.

---

[9] Anzahl Computer in Mio. unterstellt ein 10%iges Wachstum in Computerneukäufen. Zwar war das jährliche Wachstum in Internetanschlüssen teilweise weitaus höher, jedoch werden darin auch Neuanschlüsse von bereits vorhandenen Computern berücksichtigt. Leistungsfähigkeitsindex im Vergleich zum Jahr 2000 unterstellt eine Verdoppelung der Prozessorleistung alle 18 Monate nach dem Moore'schen Gesetz. Die von Moore aufgestellte These der Verdoppelung der Prozessorleistung über konstante Zeiträume hat sich über die letzten Jahrzehnte empirisch bestätigt und kann als gute Annäherung dienen. (Die Festplattenkapazität verdoppelt sich sogar alle 12 Monate, dieser Faktor ist aber irrelevant für verteiltes Rechnen). Der Index ist auf das Jahr 2000 genormt. Äquivalent ist die technische Bezeichnung eines für das entsprechende Jahr typischen Prozessors. Gewählt wurde die Pentium Baureihe, da dieser Prozessor in jedem Jahr des Zeitraumes am häufigsten verkauft wurde. Die Wahl beruht auf eigenen Erfahrungen und soll nur als Richtwert dienen. Anzahl PC's mit Leistungsfähigkeitsindex gewichtet ergibt die Anzahl PC's eines Jahrganges ausgedrückt in der Leitungsfähigkeit eines PC's aus dem Jahre 2000. Die Gesamtanzahl von 158 Mio. sagt aus, daß die 300 Millionen internetfähigen Computer eine Rechenleistung von 158 PC's aus dem Jahre 2000 besitzen. Anmerkung: Die Schätzung dient nur als Richtwert und unterliegt Ungenauigkeiten. Das Wachstum der PC-Käufe ist mit 10% gemittelt. 1998 lag das weltweite Wachstum bei ca. 11%, während es 2000 geringer war. Die Wachstumszahlen und der Leistungsfähigkeitsindex wurden anschliessend mit einzelnen Jahresangaben quergeprüft und vom Autor für plausibel befunden.

Angebot

Für Seti@home rechnen derzeit über 2 Millionen Internetnutzer. Die Teilnehmer bekommen kein Geld dafür, haben zusätzlich noch Onlinegebühren und Stromkosten. Aber es handelt sich um ein Projekt, das der Wissenschaft, also einem öffentlichen Gut dient, und die Kosten sind sehr gering. Außerdem gibt es eine hohe Begeisterung für astronomische Themen. Um den Teilnehmern einen weiteren Anreiz zu bieten, werden Benutzerstatistiken mit der Anzahl abgelieferter Berechnungen geführt, so daß zusätzlich eine sportliche Motivation besteht. Viele Teilnehmer wollen nur wissen, wie schnell ihr Computer im Vergleich zu anderen ist, und ob sich der Preis für den neuen Prozessor gelohnt hat. Es ist anzunehmen, daß dieses altruistische Verhalten nicht bei kommerziellen Projekten existiert.

Kommerzielle Nachfrager werden dem Anbieter einen Preis zahlen müssen, der den Aufwand und die Kosten kompensiert. Auch stellt sich die Frage wie man die Leistung des Anbieters mißt.

In der Ökonomie geht man im Regelfall von steigenden Grenzkosten bzw. fallenden Skalenerträgen aus. In anderen Worten ausgedrückt: zwei Arbeitskräfte liefern nicht die doppelte Leistung einer einzelnen Arbeitskraft. Da bei verteiltem Rechnen die Arbeitkräfte erhöht werden, ist es sinnvoll, das Effizienzverhalten genauer zu betrachten. Amdahl [1967][10] hat ein mathematisches Modell entwickelt, welches den realen Vorteil einer Arbeitskrafterhöhung beschreibt.

Zur Erleichterung der Berechnung wird angenommen, daß alle Arbeitskomponenten über gleiche Leistungsfähigkeit verfügen.[11]

Weiterhin gibt es innerhalb des Programmes Teile, die sich paralellisieren lassen, und andere, die nicht paralellisierbar sind, also sequentiell abgearbeitet werden müssen. Als Analogie kann hierzu z.B. die Getreideproduktion dienen. Über den Einsatz mehrerer Arbeitskräfte kann die Aussaat beschleunigt werden, jedoch dauert es immer noch einen Sommer, bis das Getreide reift. Die Aussaat ist parallelisierbar, das Getreidewachstum ist sequentiell. Ein sequentieller Schritt liegt auch dann vor, wenn ein Prozessor auf das Ergebnis eines anderen warten muß. Der Anteil der

---

[10] c´t [1998/26], S. 80, Heise Verlag

sequentiellen Prozesse wird mit α bezeichnet, und der Anteil der parallellisierbaren Prozesse mit 1-α. Beide Anteile lassen sich auf n CPU´s aufteilen.

$$R_n = R_1 / (\alpha + (1-\alpha)/n) \qquad (1)$$

Dabei ist R_n die verfügbare Gesamtrechenzeit, R_1 ist die Rechenzeit eines Prozessors.

Gibt es nur einen Prozessor (n = 1), dann ist R_n gleich R_1, weil alles sequentielll abgearbeitet wird

Normieren wir die Rechenzeit eines Prozessors (R_1) auf 1, dann haben wir statt R_n einen Ausdruck, der aussagt, um welchen Faktor sich die Rechenleistung von n CPU´s gegenüber einer CPU erhöht. Damit haben wir einen Wert für die Skalierung (S) des Prozesses.

$$S_n = 1 / (\alpha + (1-\alpha)/n) \qquad (2)$$

Gegeben 2 Prozessoren (n = 2) und vollständiger Paralellisierbarkeit (α = 0) ergibt sich eine Skalierbarkeit von S_2 = 2. Zwei Prozessoren sind dann doppelt so schnell, wie ein Einzelner.

Das α will man beim verteilten Rechnen so klein wie möglich haben. Insgesamt gilt für S_n:

$$0 \leq S_n \leq n \qquad \forall \alpha \in [0,1] \qquad (3a)$$

Das Amdahl´sche Gesetz läßt keine Synergieeffekte zu. Es ist nicht möglich mehr als das n-fache an Leistung zu erzielen. Diese Annahme ist auch realistisch. Zwar können Menschen u.U. Synergieeffekte aus Zusammenlegung von Arbeitskraft ziehen. Doch wird dies durch Spezialisierung erreicht, indem des Einen Schwäche durch des Anderen Stärke zum beiderseitigen Vorteil der höheren Produktivität ausgeglichen wird. Beim verteilten Rechnen sind die Prozessoren von der Bauart weitgehend identisch. Die Begabung des Menschen entspricht der Software des Computers (welche wieder von der Begabung des Programmierers abhängt). Die Software aber kann ohne Aufwand kopiert werden, so daß nur der beste verfügbare Algorithmus zum Einsatz kommt. [12]

---

[11] Diese Annahme wird in der Realität häufig nicht erfüllt, da Computercluster oftmals über die Zeit hinweg wachsen. Zu einem späteren Zeitpunkt angeschaffte Komponenten sind dann leistungsstärker, weil die Technologie inzwischen Fortschritte gemacht hat.
[12] Die Annahme, daß 2 Prozessoren die Rechenzeit niemals mehr als halbieren, kann unter bestimmten Umständen gebrochen werden. Eine heutzutage übliche CPU besteht aus mehreren einzelnen getrennt arbeitenden Prozessoren. So können mehrere Befehle gleichzeitig abgearbeitet werden. Es gibt Befehle, welche andere Teile der CPU blockieren. In diesem Fall mag eine Aufteilung auf mehrere CPUs sogar zu Synergieeffekten führen.

Aber es gibt noch eine weitere Einschränkung. Die Skalenfunktion nähert sich asymptotisch dem Kehrwert von α an.

Weil $\qquad \lim_{n \to \infty} S_n \qquad \Rightarrow \qquad S_\infty = 1 / \alpha \qquad\qquad$ (3b)

Bei einem sequentiellen Anteil im Programmcode von z.B. $\alpha = 0,1$ kann niemals mehr als eine Verzehnfachung der Rechenleistung erreicht werden. Tabelle 2 zeigt in einer Matrix die erreichte Skalierung in Abhängigkeit von n und α.

α	n (Anzahl CPU´s)											
	1	2	3	4	5	6	7	10	25	50	100	1 / α
0,1	1,00	1,82	2,50	3,08	3,57	4,00	4,38	5,26	7,35	8,47	9,17	10,00
0,2	1,00	1,67	2,14	2,50	2,78	3,00	3,18	3,57	4,31	4,63	4,81	5,00
0,3	1,00	1,54	1,88	2,11	2,27	2,40	2,50	2,70	3,05	3,18	3,26	3,33
0,5	1,00	1,33	1,50	1,60	1,67	1,71	1,75	1,82	1,92	1,96	1,98	2,00
0,7	1,00	1,18	1,25	1,29	1,32	1,33	1,35	1,37	1,40	1,42	1,42	1,43

Tabelle 2: Spreadsheetanwendung des Amdahl´schen Gesetzes in Abhängigkeit von α und n.

Auch in der Paralellisierung von Softwareprozessen gelten die ökonomischen Standardannahmen der fallenden Skalenerträge und implizit die Annahme der steigenden Grenzkosten.

Nachfrage

In der Praxis beschreibt das Amdahl´sche Gesetz häufig eine unangenehme Restriktion. Denn ein Unternehmen will durch mehr Berechnungszeit Geld sparen, damit z.b. die Forschungsabteilung durch frühe Ergebnisse weiter arbeiten kann, oder ein Produkt schneller am Markt ist. Ein Unternehmen wird nach dem allgemeingültigen Gesetz handeln, solange weitere Prozessoren einzusetzen bis die Grenzkosten (GK_U) gleich dem Grenzerlös (GE_U) sind.

$$GK_U = GE_U \qquad\qquad (4)$$

In diesem Fall sind die Grenzkosten die auftretenden Kosten des Unternehmens, wenn sich dieses zusätzliche Rechenzeit kauft. Der Grenzerlös kann eben darin bestehen vor einem Konkurrenten am Markt zu sein und höhere Gewinne abschöpfen zu können, aber auf betriebswirtschaftlicher Basis auch der Verzicht auf zusätzliche Kosten, weil eine Abteilung schneller produktiv weiterarbeiten kann.[13]

---

[13] im letzterem Fall stehen dem verteiltem Rechnen negative Opportunitätskosten gegenüber. Negative Kosten sind wiederum Erlöse.

Die Grenzkosten der Unternehmung ist gleich dem Faktorpreis (P_F) nach der Standardformel des Konkurrenzmarktgleichgewichts. Über die Inputregel aus dem Wohlfahrtstheorem weiß man zusätzlich, daß der Faktorpreis dem Wertgrenzprodukt (WGP) der Anbieter entspricht.

$$GK_U = P_F = WGP \qquad (5)$$

Das Wertgrenzprodukt wiederum setzt sich aus dem Preis (P_P) und der Grenzproduktivität zusammen. Als Anbieter treten private Computerbesitzer auf, welche Rechenleistung produzieren. Deren Produktion wird durch das Amdahl´sche Gesetz beschrieben. Formeln (1) und (2) sind auch als Produktionsfunktion interpretierbar, da sie den Output an Rechenzeit in Abhängigkeit der eingesetzen Prozessoren beschreiben.

$$WGP = GP_p * P_P = 1 / (\alpha + (1-\alpha)/n) - 1 / (\alpha + (1-\alpha)/(n-1)) * P_P \quad (6)$$

Formel (6) zeigt die Grenzproduktivität als Ableitung von Formel (2) für den diskreten Fall.

Einsetzen von (4) in (5) in (6) ergibt die Nachfragefunktion der Unternehmung:

$$GE_U = (1 / (\alpha + (1-\alpha)/n) - 1 / (\alpha + (1-\alpha)/(n-1))) * P_P \qquad (7)$$

Gleichung (7) sagt aus, daß das Unternehmen solange bereit ist zusätzliche Rechenkraft zu kaufen, bis die Kosten der Produktivität des letzten eingesetzten Prozessors gleich dem Grenzerlös aus der Rechenzeit ist. Dieses sehr intuitive Ergebnis ergibt die Nachfragefunktion der Unternehmung.

Dienstleistung

Selten haben Unternehmen eine Grenzerlösfunktion zur Verfügung. Eine gängige Praxis ist der Investitionsvergleich oder die Ermittelung von Kosteneinsparungen. Das Unterehmen hat 3 Wahlmöglichkeiten. Es wird untersuchen, ob eigene Rechencluster angeschafft werden, ob ein „distributed computing project" in eigener Regie gestartet werden soll, oder ob ein solches Projekt in Zusammenarbeit mit einem Partner durchgeführt wird. Für die Zusammenarbeit mit einem Dienstleister spricht der Gedanke des Outsourcing. Die Liste der Vor- und Nachteile von Outsourcing ist lang. Eine gängige Regel besagt Outsourcing bei gleichen Kosten in der Entscheidung vorzuziehen. Der Vorteil der Konzentration auf Kernkompetenz überwiegt den Nachteil der z.B. aus der Aufgabe von firmeninternen Know-How resultiert. Die letzendliche Entscheidung des Unternehmens hängt von der Abwägung von Vor- und Nachteilen des verteilten Rechnens und des Outsourcens ab. Im folgenden werden die wichtigsten Entscheidungskriterien stichpunktartig aufgezählt und für jede der 3 Möglichkeiten gewertet.

	Eigenes Cluster	Eigenes Projekt	Dienstleister
Unsicherheit über Auftragsstand	+ +	-	- +
Unsicherheit über Ergebnisse	+ +	-	- +
Schutz der Berechnungs- methoden	+ +	-	-
Steuerliche Abschreibemöglichkeit	+	-	-
Flexibilität in kurzfristigen Modeländerungen	+	- +	-
Onlinekosten	+	-	-
Kapitalbindung / Liquidität / Flexible Ressourcen- anpassung	-	- +	+

Tabelle 3: weitere Entscheidungskriterien der Unternehmung

Erläuterung der Stichpunkte:

Unsicherheit

Unsicherheit besteht in mehrfacher Weise. Für den Fall, daß Rechenaufträge vom Anbieter angenommen wurden, aber nicht wieder zurückkommen, kann sich die „lockere Bindung" des Internets als Hindernis erweisen. Das Unternehmen weiss möglicherweise nicht einmal, ob der Auftrag noch in Arbeit ist, oder ob technische Gründe, wie Computerabsturz o.ä. die Abarbeitung des Auftrags unmöglich machen. Da der Anbieter nicht persönlich bekannt sein muss und möglicherweise sogar in einem anderen Land wohnt, ist die Möglichkeit nachzufragen oder Druck auszuüben beschränkt. Notfalls muß der Auftrag noch einmal gesendet werden, es enstehen höhere Kosten und der zeitliche Vorteil des verteilten Rechnens wird beeinträchtigt.

Neben der zeitlichen Unsicherheit existiert eine weitere und möglicherweise gravierendere Unsicherheit bezüglich der Echtheit & Sicherheit der erhaltenen Ergebnisse. Da der Programmcode auf einem fremden Rechner läuft, ist es möglich, daß der Code und damit die Ergebnisse verändert werden.[14] Mehrfaches Versenden

---

[14] Für den Seti@home Client sind Patches im Umlauf, die nach Auskunft der Programmierer die Berechnung beschleunigen sollen. Die Universität Berkeley versucht den Einsatz derartiger Programme mit mahnenden Aufrufen zu unterbinden, kann es aber kaum verhindern. Auch zeugen

der Aufträge kann hier die Sicherheit nur reduzieren. Abhilfe können hier Dienstleister bieten, die zwischen Nachfrager und Anbieter geschaltet sind. Über Haftungsvereinbarungen können diese Versicherungsfunktion übernehmen. Um mögliche Kosten zu vermeiden, haben die Dienstleister einen hohen Anreiz die Anbieter auf deren Zuverlässigkeit zu überwachen. Möglicherweise werden dann auch andere Unternehmen gegenüber Privatpersonen als Anbieter bevorzugt. Eine große Menge an Unternehmen hat selber keinen Bedarf nach externer Rechenkapazität, nützt aber die eigenen Computer entsprechend den privaten Haushalten nur für Standardapplikationen. Ein Unternehmen könnte eher als zuverlässiger Partner auftreten, da die Angst der Angestellten vor Arbeitsplatzverlust ein mögliches Druckmittel gegen Hackversuche ist. Auch die zeitliche Unsicherheit läßt sich eher lösen, weil ein Unternehmen einen kompetenten Ansprechpartner im Problemfall zur Verfügung stellen kann.

Nicht lösen läßt sich das Problem der Unsicherheit, wenn es um die Berechnung sensibler Daten geht, z.B. um militärische Daten oder Daten, deren Berechnungsmodell ein firmeninternes Geheimnis darstellt. Sobald die Daten bzw. Programme die Firma verlassen, ist die Gefahr der ungewollten Weitergabe vorhanden. Im Augenblick existiert keine 100%ige Verschlüsselung und gerade bei sensiblen Daten ist das Interesse des Decodierens größer.

Steuerliche Abschreibemöglichkeit

Manchmal kann es für ein Unternehmen sinnvoll sein Kapital in Investitionsgütern zu binden, damit es steuerlich gegen Gewinne abgeschrieben werden kann. In diesem Fall bringt das eigene Rechencluster Vorteile.

Flexibilität in kurzfristigen Modelländerungen

Unternehmen, die mittels komplexen Modellen Simulationenswerte erhalten wollen, passen die Modelle häufig im Laufe des Projektes an. Hier hat das eigene Cluster definitiv Vorteile. Neue Software kann mit einem Klick neu installiert werden. Programmänderungen über das Internet sind zeitverzögert und nur bei hohen Softwarestandards automatisierbar.

---

die teilweise heftigen Diskussionen in Newsgroups davon, daß eine Nachfrage nach diesen

Onlinekosten

Die heutigen Onlinekosten sind insbesondere in Deutschland ein Punkt, der für ein eigenes Cluster spricht. Die Entscheidung hängt von der Programmgröße und der Häufigkeit der Datenübertragung ab. Gerade die Berechnung von Filmanimationen bedarf riesiger Datenmmengen. Eine Sekunde an TV-Material braucht unkomprimiert etwa 20 MB Speicher. Eine sechzig Sekunden lange Szene mittlerer Komplexität über 3D-Max wirft bei doppelter Kompression[15] eine Übertragungszeit von annähernd 24 Stunden mit ISDN auf. Die Onlinezeit des Anbieters und das Übertragungsvolumen beim Nachfrager kosten nach heutigen Marktpreisen ca. 60 DM.[16] In der Produktion wird das Material aber aufgrund von kontinuierlichen Produktionsverbesserungen mehrfach berechnet und zusätzlich müssen große Programmbibliotheken von mehreren 100 Megabyte an jeden einzelnen Rechner übertragen werden. (Zum Vergleich: Seti@home kostet den Anbieter am Tag bei Berechnung von 3 Paketen täglich ca. 7,5 Pfennige). Sinkende Übertragungskosten und DSL bieten zukünftig in dieser Nische noch Spielraum.

Kapitalbindung / Liquidität / Flexible Ressourcenanpassung

Die Kosten des Kapitals spielen eine wichtige Rolle in der unternehmerischen Investitionsplanung. Ein eigenens Rechenzentrum erhöht die Kapitalbindung und ist nachteilig für die Liquidität. Zusätzlich verringert sich aber noch die Flexibilität in der Ressourcenwahl. Eine kurzfristige Verdoppelung der Rechenleistung ist mit einem eigenem Cluster nicht durchführbar. Insbesondere ein Dienstleister, der gleichzeitig mehrere Projekte am Laufen hat, kann den momentanen Bedarf eines einzelnen Kunden besser anpassen.

Programmen existiert.
[15] Im Produktionsbereich wird die Kompression nach Möglichkeit vermieden, weil gängige Bildkompressionsmethoden auch die Qualität vermindern. Eine doppelte Kompression kann ist i.d.R. noch als verlustfrei anzusehen, wiederspricht aber bereits der Vorgehensweise im professionellen Produktionsbereich.
[16] Angenommen wurde 600MB berechnete Filmsequenzen, deren Übertragung dem Anbieter via Call by Call 24 Sunden à 0,025DM/Min kosten (=36DM). Der Nachfrager zahlt bei einem günstigen Provider zur Zeit etwa 40DM/GB (=24DM).

C – Konklusion

Die Verbindung von ökonomischen Standardannahmen und Gesetzen aus der Informationstechnologie läßt ein sehr aussagekräftiges Modell enstehen. Ausgehend von einem hoch paralellisierbaren Modell und geringen Übertragungskosten sind die Möglichkeiten des verteilten Rechnens verlockend. Läßt man die im letztem Kapitel beschriebenen Vor- und Nachteile außer acht, dann kann ein Unternehmen dem Dienstleister und dem Anbieter eine jährliche Kompensation in Höhe der ökonomischen Abschreibung eines Computers zahlen, ohne einen Nachteil zu haben. Die Höhe der jährlichen Abschreibung läßt Spielraum für Gewinne des Dienstleisters und Anreiz des Anbieters.

Offen bleibt die Höhe des Marktvolumens. Insbesondere die Bedenken bezüglich der Unsicherheit müßen auf Unternehmerseite widerlegt werden. Dies ist Aufgabe der Dienstleister. Internet Start-ups haben sich inzwischen einen schlechten Ruf erworben. Fehlerhafte Software und langsame Übertragungen können die Anbieter schnell demotivieren. Fehlerhafte oder späte Ergebnisse werden Unternehmen sofort von der neuen Idee abbringen.[17] Viele der verwendbaren Computer stehen wiederum in Unternehmen. Hier hätten die Dienstleister einen klaren Vorteil. Der Verwaltungsaufwand ist geringer, es existiert ein Ansprechpartner und häufig verwenden Firmen eine einheitliche Konfiguration, so daß die Stabilität der Software vorher getestet werden kann. Auch staatliche Organisationen und Einrichtungen könnten über das Vermieten von Rechenzeit Steuergeld sparen. Es gibt aber noch eine weitere Variante für den Dienstleister. Große Pharmakonzerne verfügen über viele Computer in der Verwaltung. BASF[18] setzt diese Computer bereits zum Rechnen ein. Der Dienstleister könnte die Softwarewartung und das Datenmanagement übernehmen. Denn im direkten Vergleich der Vor- und Nachteile zwischen einem eigenen verteilten Cluster und dem Outsourcing sind die Argumente des Outsourcings sehr stark.

Im Bereich der Wissenschaft hat das verteilte Rechnen bereits gesiegt. Über 2 Millionen Teilnehmer bei Seti@home haben dazu geführt, daß auch deutsche Universitäten die Zeichen der Zeit erkannt haben. Unter www.xpulsar.de kann man

---

[17] Deshalb versucht eine Interessensgruppe des verteilten Rechnens inzwischen einen einheitlichen Standard zu schaffen, um mögliche Softwareprobleme gemeinsam zu lösen. Informationen dazu finden sich unter http://www.newproductivity.org/welcome.html

nach Pulsaren suchen. Die Bereitschaft des Einzelnen, Strom- und Onlinekosten in öffentliche Güter zu investieren, sollte ausgenutzt werden. Da sich die Höhe einer öffentlichen Investition nach dem Gesetz von Samuelson über die Summe der Grenzzahlungsbereitschaft der Individuen bildet, wäre die Teilnahme der Öffentlichkeit an derartigen Projekten ein möglicher Proxy für staatliche Investitionsentscheidungen.

---

[18] c't [22/2000], S. 246, Heise Verlag